Die Deutsche Bibliothek verzeichnet diese Publikation in der Deutschen Nationalbibliografie;
detaillierte bibliografische Daten sind im Internet unter https://portal.dnb.de abrufbar.

© 2024 massel Verlag, München
Alle Rechte vorbehalten.
Layout und Lektorat: jedernet GmbH, München
Druck: Gugler Medien GmbH, Melk, Österreich
ISBN 978-3-948576-14-1
www.masselverlag.de
verlag@massel.net

Matthias A. Weiss

Timpetaa

Ein Pinguin am Nordpol

Ein Buch für Träumerinnen und Träumer und alle,
die gerne ihren Gedanken freien Lauf lassen.

Mit Illustrationen von Isabelle Krötsch

Für Mam †

Timpetaa war ein Träumer.

Vielleicht hatte es damit zu tun, dass er der Jüngste von vier viel älteren Geschwistern war, die alle schon ihre eigenen Kreise zogen und weniger Lust hatten, mit ihm Auf-dem-Bauch-Rutschen zu spielen oder Mit-voller-Wucht-aus-dem-Wasser-aufs-Eis-Springen, vielleicht aber auch damit, dass er einfach gerne seinen Gedanken nachhing.

Egal, auf alle Fälle liebte er es, von Zeit zu Zeit zu einer kleinen Eisscholle hinaus zu schwimmen. Dort machte er es sich gemütlich und wärmte seinen Bauch. Er ließ den Dingen ihren Lauf.

Einmal – es war wieder so weit, Timpetaa hatte einen besonders einladenden und großen Platz zum Träumen gefunden – war es ihm, als triebe seine Lieblings-Eisscholle ganz weit weg ...

Plötzlich wurde es nämlich immer wärmer und heller um ihn herum. Täuschte er sich oder starrten ihn da nicht ein paar Kamelaugen aus der Ferne fragend an?

Und was hatte dieser Eisvogel zu bedeuten, welcher ihm etwas in der Art von »Willkommen in Afrika« zuraunte? »Wie auch immer«, dachte sich unser Abenteurer, »mir ist wohl hier«.

Mit der Zeit bekam es Timpetaa doch mit der Angst zu tun. »Stimmt es, dass meine Eisscholle zunehmend kleiner und kleiner wird?«, »Wie lange bin ich diesmal eigentlich schon weg?« und »Was denken wohl meine Eltern?«, alles Fragen, welche unserem kleinen Pinguin durch den Kopf schossen.

Zwar waren diese seine vielen Ausflüge gewohnt und ließen ihn auch gewähren, doch diesmal fühlte sich alles anders an.
»Ja, wo ist meine Familie überhaupt?«
Timpetaa hob seine Lider.
»Und wo bin ich denn gelandet?«, fragte er sich erstaunt und rieb sich die Augen.

»Das sieht hier so ... anders aus. Und wer ist eigentlich dieses zottelige
weiße Tier, welches mich schon seit einiger Zeit beäugt?«
Doch bevor sich Timpetaa weitere Gedanken machen konnte, sprach
ihn dieses unbekannte Wesen auch schon an.
»Ui, ui, ui«, dachte sich unser Pinguin, »wenn das nur gut geht.
Was, wenn es mich fressen will?«

»Hallo kleiner Weltreisender, ich bin Eisbäropa. Woher kommst du denn?«
»Ähmm, hallo Eisbäropa. Ich bin Timpetaa und habe es mir auf meiner
Lieblings-Eisscholle gemütlich gemacht.«
»Ja, das sehe ich«, brummte der weise Bär. »Willkommen am Nordpol.
Komm, ich zeige dir meine Welt.«

»›Nordpol‹, davon habe ich noch nie gehört … Ich dachte
immer, wir Pinguine lebten im Süden?«

Leicht überrumpelt fügte sich Timpetaa Eisbär-
opas Vorschlag. Was sollte er auch anderes
tun? Weit und breit keine Geschwister, und
auch die Eltern schienen so fern wie nur
möglich. Außerdem machte der weise Eis-
bär einen einigermaßen vertrauenswürdi-
gen Eindruck. »Also, nichts wie hinter ihm
her!«

Eisbäropa führte unseren Welt-
reisenden zu seiner Familie und
stellte ihn allen vor. »Sieh, das
ist mein Sohn, seine Frau und
deren drei Töchter. Vor allem
die Kleinste meiner Enkelinnen,
Ursina, hat es mir angetan. Sie
ist so neugierig ...«

»Hallo, ich bin Timpetaa und komme aus dem Süden.« Doch bevor ihn die ganze Eisbärfamilie fragen konnte, wie er das angestellt hatte, stupste ihn die kleine Enkelin mit einer Pfote sanft am Flügel und begann mit ihm zu spielen.

WAS IST DAS FÜR EINE LUSTIGE WEISSE KUGEL?

Solche Spiele mit Ursina gab es noch des Öfteren. Je länger er bei ihrer Familie weilte, desto vertrauter wurde Timpetaa mit ihnen und desto eher lebte er das Leben eines Eisbären. Er lernte sogar, wie sie zu jagen. Zugegebenermaßen war er darin nicht sonderlich erfolgreich. Fische blieben einfach seine Leibspeise.

Wenn da nur nicht diese unstillbare Sehnsucht nach ›Daheim‹ wäre ...

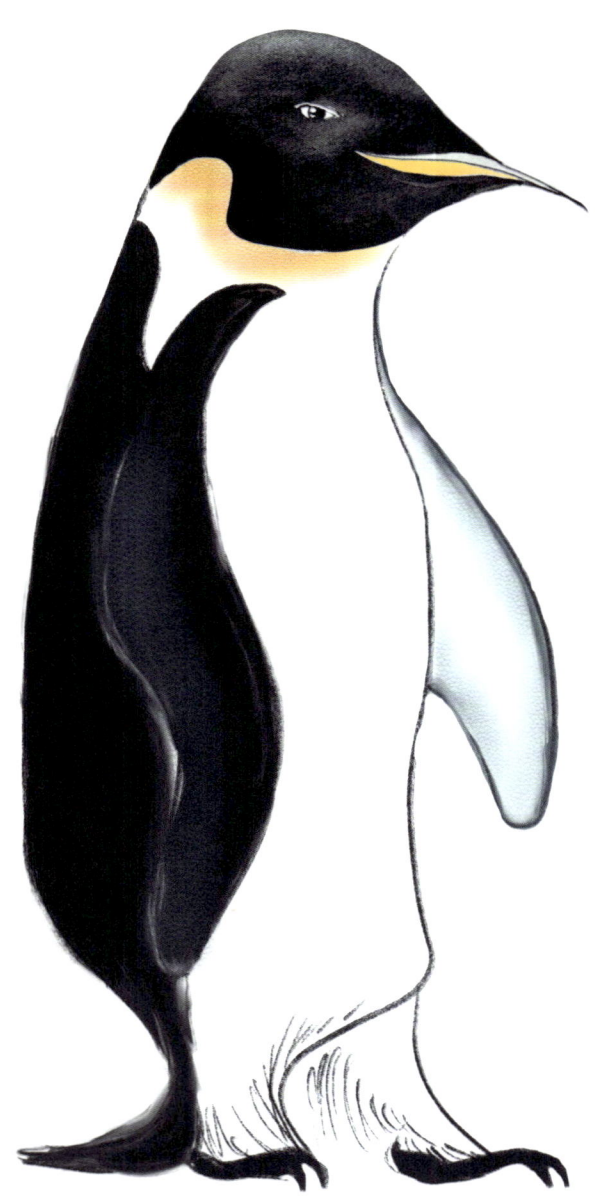

Mittlerweile zu stattlicher Größe herangewachsen mochte Timpetaa das Um-die-Wette-Schwimmen und Wer-kann-tiefer-Tauchen mit Ursina und ihren Schwestern nach wie vor sehr. Und auch die tollen Gespräche, die Eisbäropa hin und wieder mit ihm führte, sagten ihm zu.

Doch dass das Eis in gewissen Wintern nicht mehr flächendeckend zufror, bereitete unserem Abenteurer schon die eine oder andere schlaflose Nacht. Manchmal wusste die Eisbärfamilie schlicht nicht mehr, wo sie noch Nahrung herschaffen sollte.

Und wenn er ehrlich war, zog es ihn, je älter er wurde, einfach in die ›Heimat‹ – was und wo immer das auch sein mochte.

Eines Tages nahm Eisbäropa unseren Pinguin zur Seite – es ging ihm
schon seit einiger Zeit schlecht, er war sichtlich älter und
schwächer geworden und zog sich immer mehr
zurück – und sprach mit ernster Stimme:
»Timpetaa, bald werde ich für immer
von hier fortgehen. Ich habe mein
Leben gelebt, aufregende
Ausflüge machen und
eine tolle Familie
gründen dürfen.

Und auch für dich kommt
bald die Zeit, um aufzubre-
chen und zurückzukehren ...«
Und weg war Eisbäropa.
»Was er wohl damit meint?«,
fragte sich Timpetaa verwirrt.
»Und wie stelle ich das bloß an?«

»Timpetaa, Timpetaa!«, riss ihn Ursina laut ges-
tikulierend aus seinen Gedanken. »Guck mal,
dort draußen. Wieder so ein Neuankömmling,
wie damals, als du bei uns aufgetaucht bist!«

Schnurstracks begab sich unser Pinguin zu
Ursina, um mit ihr aufs Meer hinauszuschauen.
In der Tat, zog da nicht ein Schwertwal seine
Kreise? Er schien verzweifelt.

OB ES WOHL AUCH EINEN GROSSEN PINGUIN DA OBEN GIBT?

Als dieses unförmige Etwas näher auf sie zukam, brach es aus Timpetaa heraus: »Den kenne ich, den kenne ich!«, jauchzte er aufgeregt vor Freude, während er unruhig auf und ab hüpfte. »Das ist Wally. Ich habe früher oft auf seinem breiten Rücken reiten dürfen.«

»Wally, ich bins, Timpetaa!«, rief er dem mittlerweile in Hörweite angekommenen Schwertwal zu.
»Was machst Du denn hier?«, fragte ihn der nun ziemlich groß erscheinende Wal mit tiefer Stimme.

»Ich träumte wieder einmal vor mich hin, gondelte an Afrika vorbei und landete schließlich hier am Nordpol ... Und du? Wie hast du hierher gefunden?«

»Hmm, das ist eine lange Geschichte«, brummte Wally nach einer kleinen Pause vor sich hin. »Steig auf meinen Rücken, wir schwimmen nach Hause, wie früher. Den Rest erzähle ich dir dann auf der Reise. Schließlich haben wir ganz viiieeel Zeit ...«

Allen Natur- und Tierphotographen sei Dank, für den wertvollen Einblick in die Welt der Pinguine und Eisbären, um deren Charaktere studieren zu können.

Ava, unsere junge Australien Sheppard Hündin, hat mir erlaubt, ganz frei nach Schnauze in Ursinas Gegenwart zu tauchen. Vielen Dank!

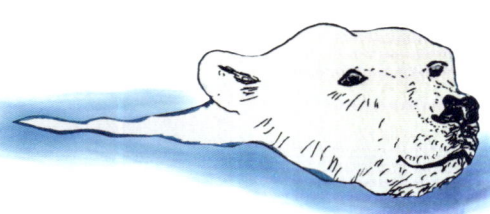

Zur Illustratorin

Isabelle Krötsch ist eine Reisende zwischen den Welten. Sie nutzt die Narrenfreiheit der Kunst, sich als freier Mensch und Kind Gottes den wesentlichen Themen zu nähern, sie spielerisch, liebevoll, hinterfragend und lösungsorientiert zu durchleuchten. Sie arbeitet als bildende und szenische Künstlerin, Live-Zeichnerin und Regisseurin. Seit Herbst 2018 verfasst sie zudem Artikel in unterschiedlichen Magazinen. Als sie Timpetaas Geschichte in die Hände bekommen hatte, verliebte sie sich sogleich in den kleinen Pinguin und verspürte spontan den Impuls, ihm und seinen Gefährten ein Gesicht zu geben. Ihre Hauptaufgabe sieht sie im Brückenbau zwischen Kunst, Wissenschaft und Spiritualität.

www.freiesfeld.com

Dank

Von ganzem Herzen möchte ich mich bei Matthias für das Vertrauen bedanken, mich eingeladen zu haben, Timpetaas Welt zu bebildern. Ihm und Martin danke ich für die Wunder-volle Zusammenarbeit, in der sich alles freudevoll und immer noch höher schwingend fügte.

Meinem Mann Hans Kremer danke ich für die liebevolle Unterstützung und besonders zum Impuls des Motivs „La grande ourse" = der große Bär = der große Wagen auf französisch. Die Sternbild-Illustration ist für mich ein Symbol geworden für die Vermittlung, dass Sterben nicht Tot-Sein heißt, sondern Heimgang und Übergang in ein anderes Leben, und dass Bewusstsein Trauer in Vertrauen transformieren lässt …

Danke Bruno Gröning für die Begleitung. Durch Deine Hilfe durfte ich dieses Werk in Gottverbundenheit und stressfrei verwirklichen und die Fülle des Lebens in Bilder übersetzt empfangen.

Zum Autor

Empfangen hat diese Geschichte Matthias A. Weiss (Theologe, Kursleiter und Referent) auf einer Wanderung, als ihm plötzlich bewusst wurde, dass sich Pinguine und Eisbären bloß in Zoos begegnen können, nicht jedoch in der Natur selbst. Sogleich hat er sich daran gemacht und Timpetaas Abenteuer niedergeschrieben. Als Autor verfasst er vorwiegend Sachbücher. Nach »Tropf auf dem Weg zum Meer. Eine Weisheitsgeschichte für Kinder und Erwachsene« ist »Timpetaa« sein zweites Kinderbuch. Er liebt es, zu träumen und seinen Gedanken nachzuhängen und so die Welt ein bisschen schöner zu machen.

www.hokairos.ch

Dank

Zunächst geht mein Dank an meine Mutter. Als kleines Kind schon gab sie den drolligen Viechern mit dem schwarzen Frack den Namen des Protagonisten dieses Buches. Merci vielmals, Mam, fürs »Copyright«!

Dann bedanke ich mich herzlich bei der göttlichen Inspiration, welche mich darauf aufmerksam gemacht hat, dass Pinguine und Eisbären – außer in Zoos – nie und nimmer aufeinander treffen.

Und schließlich bin ich folgenden Menschen aus den unterschiedlichsten Gründen und Anlässen zu großem Dank verpflichtet: Frank Bakker, Anja Bolz, Mathias Forster (Biostiftung), Markus Geissmann, Martin Heggli (SLF), Isabelle Krötsch, Kai Landwehr (myclimate), Stefan Leimer (Zoologischer Garten Basel), Christine Peters, Nele Pintelon, Priska Ritter, Vreni Schaer, Martin Sell sowie Andreas Schild. Merci beaucoup!

Bisher vom Autor erschienen

TROPF AUF DEM WEG ZUM MEER. Eine Weisheitsgeschichte für Kinder und Erwachsene, Edition Funkelstern, Saarbrücken 2020.

PFAFFKIDS. 21 Persönlichkeiten aus dem Pfarrhaus, Praxis Hokairos, Richterswil 2017.

BYE BYE BANK. 21 Bankerinnen und Banker auf dem Weg zu neuen Ufern, Praxis Hokairos, Richterswil 2016.

GEISTIGES HEILEN. Fragen und Antworten. Mit Heilungsübungen und Meditationen, Verlag Neue Erde, Saarbrücken 2015.

ZUM BEISPIEL RICHTERSWIL. 21 Persönlichkeiten aus einem Dorf, Praxis Hokairos, Richterswil 2015.

SPRUNG ÜBER DEN KIRCHENRAND. 21 Theologinnen und Theologen ausserhalb der Kirche, Richterswil 2012.

Unterstützung

Mit bestem Dank an den Bezirk Einsiedeln, Bike Adventure Tours, die Globalance Bank (Zürich), die Kulturförderung Kanton Schwyz sowie weitere, nicht erwähnt werden wollende Gönnerinnen und Gönner. Ohne deren Unterstützungsbeiträge hätte »Timpetaa« nicht realisiert werden können.

Und ohne die **Spenderinnen und Spender aus dem Fundraising** hätte »Timpetaa« sowieso nie das Licht der Welt erblickt. Vielen lieben Dank allen! Namentlich zu erwähnen sind neben vielen Anderen: Sonja Glasbrenner, Andri Gritti-Rascher, Christine Gut und Kaspar Ulrich, Vreni Haab, Max Kappeler, Albert Mayer, Hanspeter Schär, Heidi Scholz, Kurt Schreiber, Peter und Andrea Spörri-Altherr, Rémy und Ursula Stettler, Lucie Tlach, Christiaan Turk, Christoph Weiss, Felix Weiss, Sabine Welpe sowie Marianne Werro.